© 2015 NordSüd Verlag AG, Heinrichstrasse 249, CH-8005 Zürich
Alle Rechte, auch die der Bearbeitung oder auszugsweisen Vervielfältigung,
gleich durch welche Medien, vorbehalten.
Coverillustration: Marcus Pfister
Gestaltung: fraufederer.ch
Druck und Bindung: Offizin Andersen Nexö, Zwenkau
ISBN 978-3-314-10273-8
1. Auflage 2015

www.nord-sued.com
Bei Fragen, Wünschen oder Anregungen schreiben Sie bitte an:
info@nord-sued.com

Mehr Informationen über Marcus Pfister finden Sie unter: www.marcuspfister.ch

INHALTSVERZEICHNIS

Timo und Matto wollen nicht das Gleiche
SEITE 9

Wie Leo wieder König wurde
SEITE 35

Der kleine Dino
SEITE 61

Der glückliche Mischka
SEITE 89

Hoppel findet einen Freund
SEITE 115

TIMO und MATTO
wollen nicht das Gleiche

Timo und Matto, zwei kleine Maulwürfe,
hockten zusammen auf ihrer Lieblingswiese.
»Spielen wir etwas?«, fragte Matto.
»Spielen finde ich gut«, meinte Timo.
»Aber was könnten wir denn spielen?«
»Wir könnten zusammen etwas bauen.«
»Bauen ist gut«, nickte Timo.
»Ich wollte schon immer einmal einen großen Hügel
bauen», sagte Matto. «Einen richtig großen Hügel.«

»Hügel finde ich nicht gut«, sagte Timo. »Ich würde viel lieber ein Loch graben. Ein richtig tiefes Loch.«
»Ein Loch?«, fragte Matto. »Wir leben die ganze Zeit unter der Erde, und wenn wir einmal draußen sind, willst du ausgerechnet ein Loch graben? Das ist doch blöd.«
»Mama hat gesagt, wir müssen noch viele, viele Löcher graben, um tüchtige Maulwürfe zu werden«, antwortete Timo trotzig.

»Mama hat gesagt, Mama hat gesagt …«, maulte Matto.
»Du machst doch auch sonst nicht immer,
was Mama sagt. Ich möchte über die hohen Gräser
hinausschauen und sehen, was es sonst noch so
gibt auf der Welt!«
»Was soll denn da schon sein«, meinte Timo beleidigt.
»Gräser, Wiesen und eine Menge Maulwurfsdreck …«

»Du bist ein Langweiler. Du hast ja überhaupt keine Fantasie!«, stöhnte Matto und gab Timo einen Schubs.
»Ich bin kein Langweiler. Und wenn du mich noch einmal schubst, dann …«
»Was dann? Dann rennst du zu Mama, oder was?«
So gab ein Wort das andere, ein Schubs führte zum nächsten, und schon war die schönste Rauferei im Gange.

»Ich will nie mehr mit dir spielen!«, schrie Timo und stapfte wütend davon.
»Wer will schon mit dir spielen!«, brüllte Matto und stolzierte in die andere Richtung.

So begann Timo für sich alleine zu graben. Das machte zwar keinen Spaß, aber er würde Mama zeigen, dass er schon ein richtig tüchtiger Maulwurf war.

Und Matto werkelte ebenso eifrig an seinem Hügel, um Timo zu beweisen, dass er seinen Riesenhügel auch alleine schaffen konnte.

Doch der Boden war hart und die Arbeit anstrengend.
Und je länger die beiden Maulwürfe arbeiteten,
desto mehr verrauchte ihre Wut und desto kleiner
wurde ihre Lust, alleine in der Wiese herumzugraben.
Am liebsten hätte sich Timo in sein Loch gelegt und
sich ein bisschen ausgeruht, aber die Mulde war noch
viel zu klein.

Auch Mattos Eifer war schon lange verflogen.
Und sein Hügel war noch viel zu niedrig. Sosehr er
sich auch reckte und streckte, er konnte einfach
nicht über die hohen Gräser hinausschauen.
Vielleicht konnte er von hier oben wenigstens einen
Blick auf Timos Loch werfen …?
Inzwischen war auch Timos Neugierde erwacht.
Langsam schlich er in Mattos Richtung. Ob Matto es
wohl geschafft hatte, seinen Hügel zu bauen?

Doch als Timo durch die Gräser auf Mattos Bauwerk schielte, schüttelte er den Kopf. Irgendetwas daran kam ihm komisch vor.
Und auch Matto wollte seinen Augen nicht trauen, als er Timos Werk sah:

Sie hatten beide genau dasselbe gebaut!
Beim Aushub von Timos Loch war ein kleiner Hügel
entstanden, und zum Aufschütten seines Hügels
hatte Matto ein Loch graben müssen.

Matto prustete als Erster los. Dann kapierte auch Timo und kroch aus seinem Versteck hervor. Die beiden kugelten sich vor Lachen.

»Das kommt vom Streiten«, kicherte Matto. »Wenn wir uns zusammengetan hätten, dann hättest du jetzt dein tiefes Loch und ich meinen großen Hügel!«

»Wir können uns ja immer noch zusammentun«, antwortete Timo. »Komm, los geht's!«

Die zwei machten sich mit neuem Eifer an die Arbeit.
Sie gruben und schaufelten und schütteten den Hügel
auf. Bald war das Loch so tief, dass sie beide darin
gemütlich liegen konnten. Und der Hügel war so hoch,
dass Matto es kaum erwarten konnte, hinaufzusteigen.

»Das haben wir richtig gut gemacht!«, lobte Matto.

»Ich muss jetzt erst einmal ein Nickerchen machen«, sagte Timo und legte sich ins Loch.

Matto aber stieg ganz aufgeregt auf seinen Hügel und betrachtete voller Staunen die Welt.

Wie LEO wieder König wurde

König Leo war gerade erwacht und rekelte sich auf seinem Thron. Erst gähnte er ausgiebig, dann riss er noch einmal den Rachen auf und ließ mit schauerlichem Gebrüll die Steppe erzittern.
»Ach halt doch die Klappe!«, schnauzte ein kleines Buschschwein, das zufällig vorbeitrottete.
»Dein blödes Gebrüll geht mir entsetzlich auf die Nerven. Du machst damit bloß alle Tiere verrückt!«

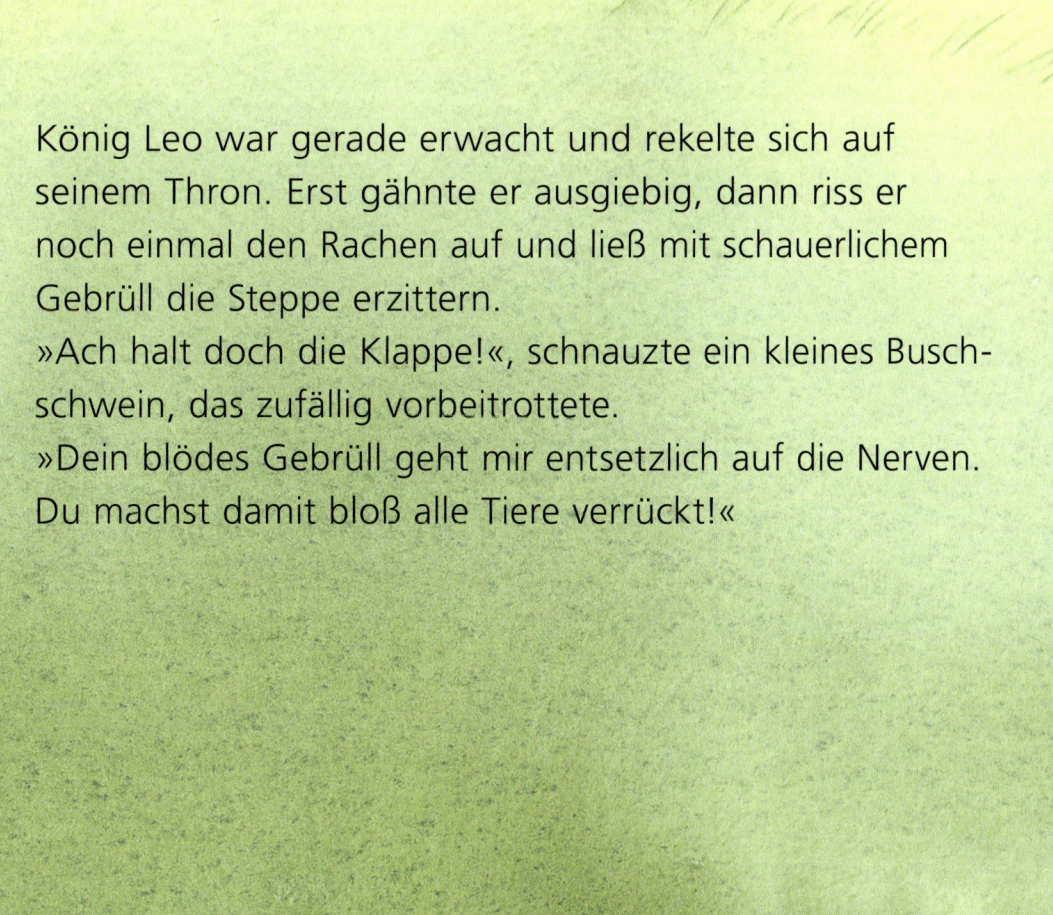

Leo traute seinen Ohren nicht.
Er starrte das Buschschwein mit offenem Maul an.
So hatte noch keiner mit ihm zu sprechen gewagt!
»Was fällt dir ein, Schwein! Was glaubst du eigentlich, mit wem du sprichst? Ich bin Leo, der mächtige König aller Tiere!«
Der Löwe setzte zum Sprung an, um dem Buschschwein einen kräftigen Tatzenhieb zu verpassen.
Zum Glück hatte ein Kaffernbüffel den Streit gehört und trabte dazwischen.

»Mach mal halblang, Großmaul«, sagte der Büffel zum Löwen. »Wir brauchen keinen König mehr, wir Tiere können selber für uns sorgen.«

»Genau, wir schaffen das allein«, sagte das Buschschwein, das sich hinter dem Büffel versteckt hatte und jetzt wieder vorsichtig hervoräugte.

Leo schnappte nach Luft.

Er fasste sich ans Herz und fragte röchelnd:

»Womit habe ich das bloß verdient? Ich war doch immer...«

»Du warst immer ein stinkfauler, aufgeblasener Angeber«, krächzte ein Geier dazwischen und schnappte Leo die Krone von der Mähne. »Womit hast du es eigentlich verdient, unser König zu sein?«
Immer mehr Tiere scharten sich um Leo.
Nashorn, Elefant, Hyäne, Zebra und Giraffe – alle hatten etwas an ihm auszusetzen. Erst schrien sie wild durcheinander, dann riefen sie im Chor: Wir brauchen keinen König mehr,
                der Thron, der bleibt von nun an leer!
            Wir brauchen keinen König mehr,
                der Thron, der bleibt von nun an leer!

Leo blieb nichts anderes übrig, als vor den aufgebrachten Tieren zu fliehen. Er rettete sich in einen nahe gelegenen Waldstreifen an einem kleinen Wasserlauf.
»Sollen die doch selber sehen, wie sie zurechtkommen«, dachte der Löwe trotzig. Na ja, zugegeben, viel hatte er für die Tiere wirklich nicht getan. Er liebte es halt, sich bedienen zu lassen und faul herumzuliegen. Denn immerhin war er der König der Tiere. So war es immer gewesen, und daran gab es für Leo nichts zu rütteln.

Nachdenklich schlich Leo in den folgenden Tagen durch die Steppe. Er fragte sich, ob die Tiere tatsächlich ohne ihn zurechtkamen. Doch niemand schien seine Abwesenheit zu bemerken, und das Leben der Tiere nahm seinen gewohnten Lauf.

Eines Tages allerdings hörte Leo am Flusslauf ein leises Wimmern. Direkt an der Böschung, im hohen Gras, hockte eine kleine Streifenmaus.

»Was gibt es da zu weinen?«, brummte Leo, als er näher kam. Die Maus begann nun auch noch zu zittern und stotterte: »A-A-Ach Löwe, i-i-ich sollte unbedingt auf die andere Seite des Flusses. A-A-Aber ich sch-schaff es einfach nicht.«

»Das schmale Bächlein?«, gluckste Leo.
»Na gut, so setz dich halt auf meinen Rücken und halt dich an meiner Mähne fest.«
Dann nahm der Löwe Anlauf und sprang mit einem Riesensatz über das Wasser.
»Vielen Dank, Löwe«, seufzte die Maus am anderen Ufer.
»Keine Ursache«, antwortete Leo. »Mach's gut, kleine Maus!«

Der Löwe trottete weiter.
Auf einmal begann die Erde zu zittern.
Leo konnte sich gerade noch hinter ein Gebüsch ducken,
als ein Nashorn an ihm vorbeidonnerte.
Und einem rasenden Nashorn geht auch ein ausgewachsener
Löwe besser aus dem Weg.
»Blödes Trampelvieh! Fetter Stampfwanst! Blinder Hornochse!«,
hörte Leo jemanden schimpfen.
Verblüfft schob er die Zweige seines Verstecks auseinander.

Nicht weit von ihm schimpfte und zeterte ein Stachelschwein. Es hüpfte herum, stampfte auf den Boden und war außer sich vor Wut.

»Zertrampelt mir einfach meinen schönen Erdbau, diese vierbeinige Dampfwalze!«

Leo kroch aus dem Gebüsch und ging zum Stachelschwein.

»Nun beruhige dich doch erst mal«, sagte er. »Ich helfe dir, deinen Bau wieder zu flicken.«

»Danke dir«, brummte das Stachelschwein, als der Schaden behoben war.

»Gern geschehen«, antwortete der Löwe.

»Nun muss ich aber mal nachsehen, was eigentlich mit dem Nashorn los ist. Bis bald!«

Es dauerte eine ganze Weile, bis Leo das Nashorn gefunden hatte. Stöhnend lag es unter einem Baum.
Gleich oberhalb seines zweiten Hornes war ein drittes entstanden: eine riesige rosa-violette Beule.
»Was ist denn mit dir passiert?«, fragte Leo erschrocken.
»Mich hat eine Wespe gestochen«, klagte das Nashorn.
»Tja, und dann bin ich – blind vor Wut und Schmerz – gegen diesen Baum gerannt.«
Leo holte ein paar feuchte Blätter und kühlte damit die Beule und den Stich.
»Am besten bleibst du jetzt hier liegen und ruhst dich aus. Morgen früh komm ich noch mal vorbei, um zu sehen, wie es dir geht.«

Unter den Tieren, die sich an den Abenden darauf am Wasserloch trafen, machten die Geschichten vom hilfsbereiten Löwen die Runde. Erstaunt hörte man, was die Maus, das Stachelschwein und das Nashorn zu berichten hatten.
»So einen König wünsche ich mir!«, trompetete der Elefant.
»Ein König, der für uns da ist und uns hilft.«
Die Tiere beschlossen, am nächsten Tag eine große Versammlung abzuhalten, um den Löwen wieder als ihren König zu begrüßen.

Auf der Versammlung wurde Leo begeistert empfangen.
Der Geier flog zu Leo und legte die Krone auf den Thron.
Dann trat der Kaffernbüffel vor und sprach:
»Lieber Löwe, wir Tiere möchten, dass du wieder unser
König bist.«
Leo war sichtlich gerührt.
»Ich freue mich, liebe Freunde, dass ich wieder euer König
sein darf. Krone und Thron brauche ich aber nicht mehr dazu.
Ich bin ein Tier, genau wie ihr.«

Der KLEINE DINO

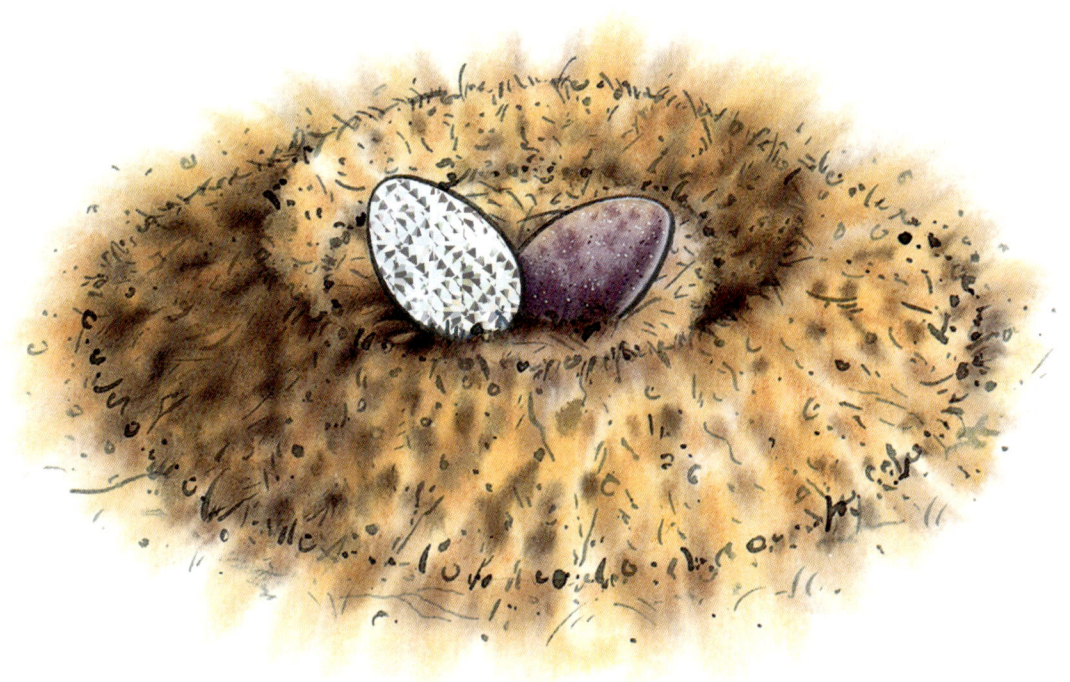

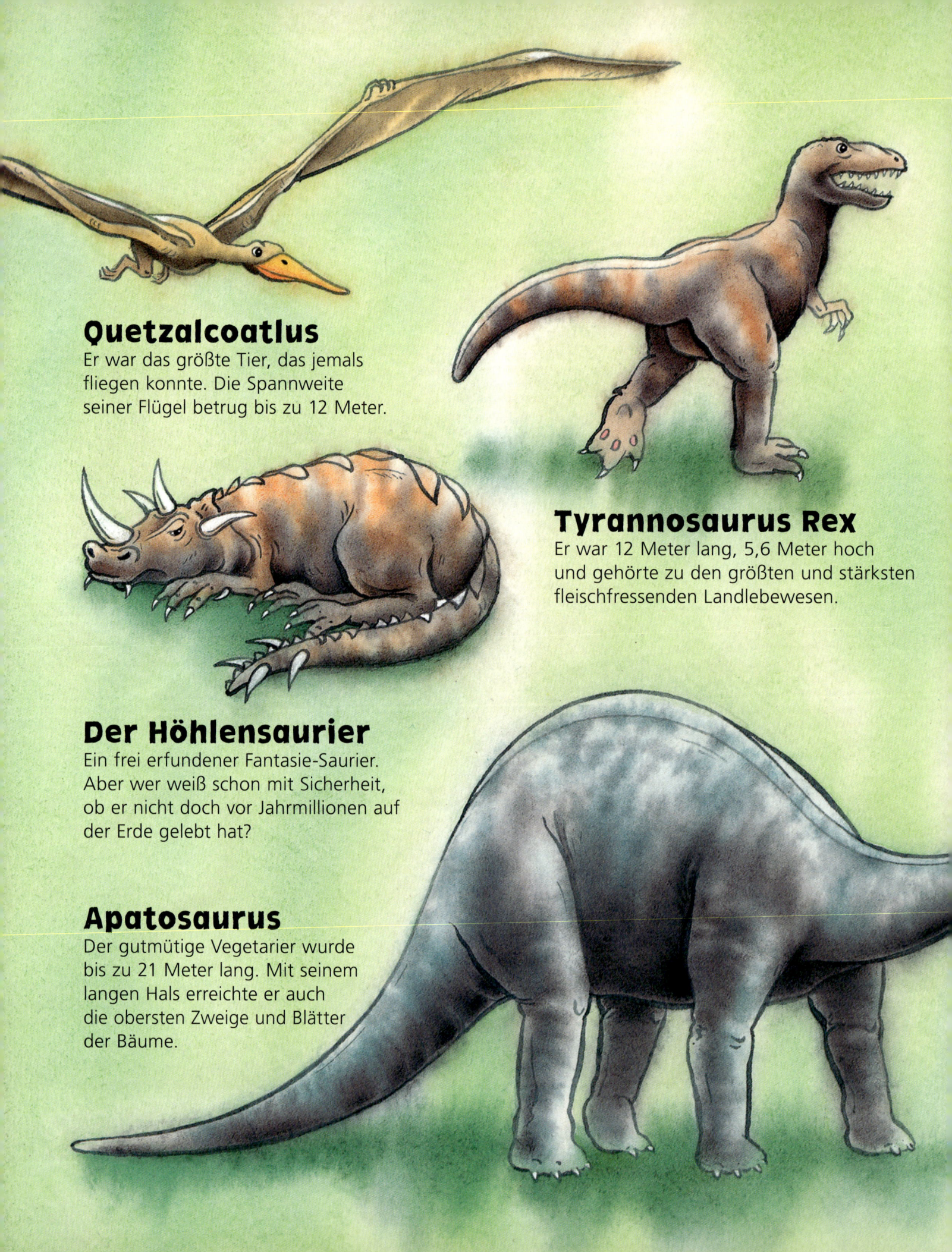

Quetzalcoatlus
Er war das größte Tier, das jemals fliegen konnte. Die Spannweite seiner Flügel betrug bis zu 12 Meter.

Tyrannosaurus Rex
Er war 12 Meter lang, 5,6 Meter hoch und gehörte zu den größten und stärksten fleischfressenden Landlebewesen.

Der Höhlensaurier
Ein frei erfundener Fantasie-Saurier. Aber wer weiß schon mit Sicherheit, ob er nicht doch vor Jahrmillionen auf der Erde gelebt hat?

Apatosaurus
Der gutmütige Vegetarier wurde bis zu 21 Meter lang. Mit seinem langen Hals erreichte er auch die obersten Zweige und Blätter der Bäume.

Die Maiasauras

(= Gute-Mutter-Echsen). Die Mütter brüteten die Eier aus und brachten ihren Jungen Futter ins Nest. Sie wurden bis zu 9 Meter lang.

Maia

Das unerschrockene, mutige Maiasaura-Mädchen

Dino

Der kleine, schüchterne Held dieser Geschichte. Wer zum Kuckuck mochte ihn bloß in Mama Maiasauras Nest gelegt haben?

Stegosaurus

Mit seinen einzigartigen Knochenplatten auf dem Rücken war er einer der auffälligsten Saurier. Er ernährte sich ausschließlich von weichen Pflanzen.

Deinonychus

(= Schreckliche Klaue). Seine sichelförmigen Klauen gaben ihm den Namen. Er gehörte zu den gefürchtetsten Raubsauriern.

Mama Maiasaura war nur schnell etwas fressen gegangen. Als sie zurückkam, sah sie schon von Weitem das schillernde Ei in ihrem Nest. Wunderschön glitzernd lag es neben ihrem eigenen gesprenkelten Dinosaurier-Ei. Wer zum Kuckuck mochte das bloß hineingelegt haben?

Erst vor zehn Tagen war ein junger Deinonychus über ihre Eier hergefallen. Ein einziges hatte Maiasaura vor dem Räuber retten können. Sie freute sich, dass sie jetzt wenigstens zwei Eier ausbrüten durfte. Vor allem aber war sie neugierig, was denn überhaupt aus diesem Wunderei schlüpfen würde.

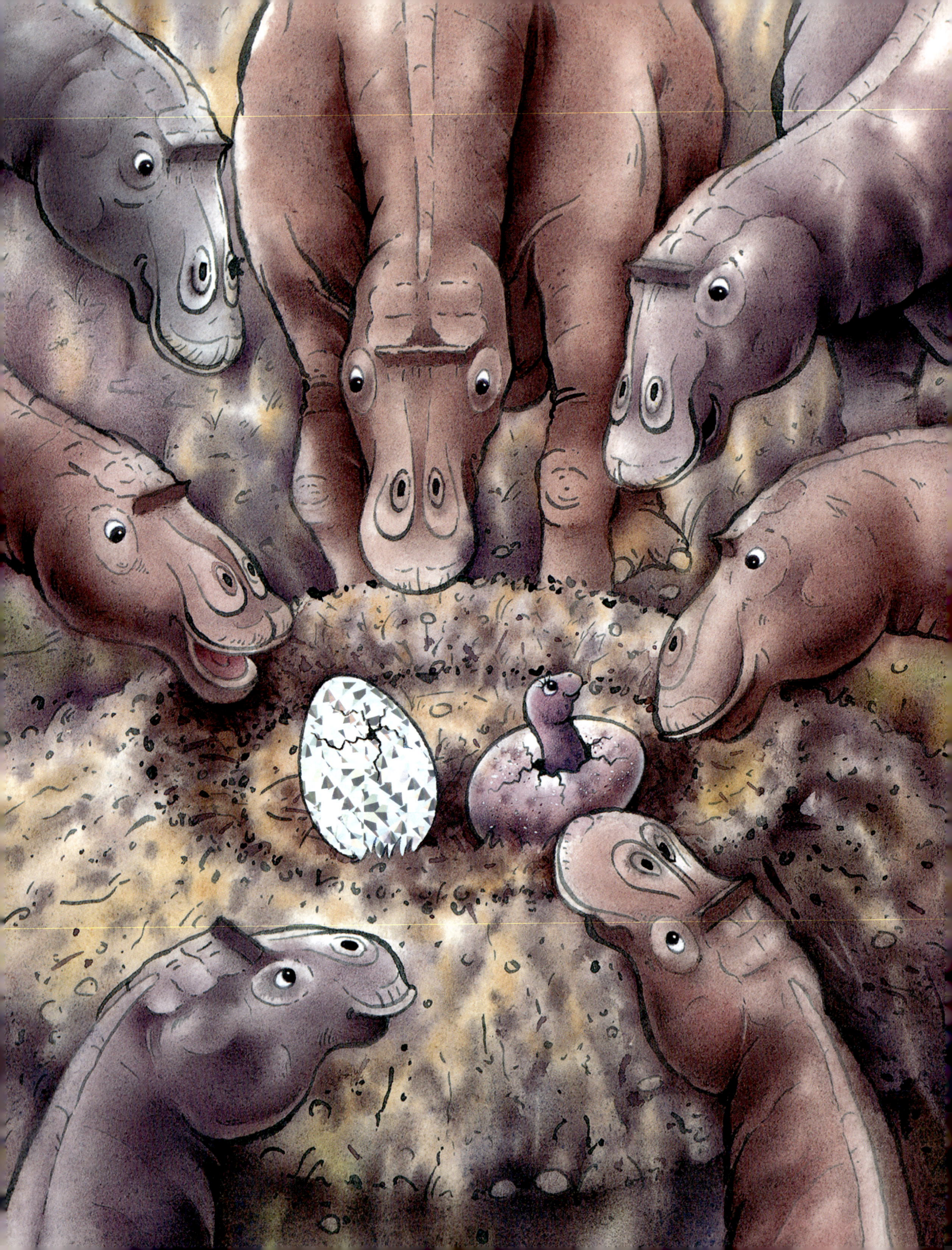

Von nun an bewachte die ganze Maiasaura-Sippe das Nest:
und alle warteten gespannt auf den Tag des Schlüpfens.
Es war das gesprenkelte Ei, das als erstes zu knacken begann.
Maia, das jüngste Maiasaura-Mädchen, durchstieß die
Schale und krabbelte auf die Erde. Kurz darauf zersprang
auch das glänzende Ei, und heraus schlüpfte, zur Enttäuschung der erwartungsvollen Maiasauras, ein ganz gewöhnliches Dino-Baby. Es war ein bisschen kleiner als Maia:
aber sonst wirklich gar nichts Besonderes. Doch dann reckte
und streckte sich der Kleine und stellte seinen farbig glitzernden Rückenkamm auf. Die Saurier raunten und staunten,
und jeder wollte den Wunderkamm einmal berühren.

Die Maiasauras nannten den kleinen Fremdling Dino. Maia und Dino wuchsen rasch heran und wurden unzertrennliche Freunde.
Bald schon durften sie sich selbstständig auf die Futtersuche machen. Nur den Weg zur Wasserstelle mussten sie im Schutz der Saurier-Sippe zurücklegen. Deinonychus und Rex, der Tyrannosaurier, beherrschten nämlich die Gegend und lauerten ihnen überall auf. So lag der gefährliche Gang zum Wasser wie ein Schatten über dem Leben der friedliebenden Tiere.

An einem späten Sommerabend – die anderen Saurier schliefen schon – rückte Maia nahe an Dino heran und flüsterte: »Kannst du auch nicht einschlafen, Dino?«

»Nein, ich muss dauernd an das denken, was uns Mama heute auf dem Weg zur Wasserstelle erzählt hat. An die Höhle mit der eigenen Wasserquelle, in der die Maiasauras einmal gelebt haben.«

»Genau daran habe ich auch gedacht. Und an den schrecklichen Höhlensaurier, der unsere Sippe daraus verjagt hat. Dino, wir müssen versuchen, den Höhlensaurier wieder zu vertreiben, damit die Angst vor Deinonychus und Rex ein Ende hat!«

Dino war begeistert von Maias Idee. Wie sie es anstellen sollten, das Höhlenmonster zu vertreiben, darüber wollten sie sich später Gedanken machen.

Am nächsten Morgen standen die beiden zeitig auf. Natürlich erzählten sie niemandem von ihrem Plan. Mama Maiasaura hätte sie nie ziehen lassen.
»Wir sind hungrig, Mama. Ich suche mir mit Dino etwas zu fressen, und dann gehen wir spielen.«
»Gut, aber bleibt nicht zu lange weg«, antwortete die Mama.

Maia und Dino machten sich auf den Weg zum großen Berg, den Mama Maiasaura am vorigen Tag erwähnt hatte. Sie waren schon eine ganze Weile unterwegs, als sie zu einem zerklüfteten Felsenband kamen. Während sie über die Felsbrocken kletterten, begann sich plötzlich die Erde unter ihnen zu bewegen.
»Ein Erdbeben!«, rief Maia erschrocken. »Halt dich fest, Dino!«

Es ruckte und rumpelte, und die beiden fielen den Abhang hinunter. Dann war es still, und vor ihnen stand plötzlich ein großer Stegosaurus. Er hatte hinter dem Felsenband geschlafen. Maia und Dino hatten gar nicht bemerkt, dass sie auf seinen eckigen Knochenplatten herumgekraxelt waren!
»Wo kommt ihr denn her?«, wollte Stego wissen. »Habt ihr euch verirrt?«
»Nein, nein, wir wollen bloß spielen und etwas zu fressen suchen«, sagte Maia.
»Nehmt euch in Acht, dass ihr nicht Rex über den Rücken krabbelt!«, warnte sie Stego. »Im Ernst, passt in Zukunft ein bisschen besser auf«, sagte Stego grinsend.

Von jetzt an waren Maia und Dino vorsichtiger. Leise schlichen sie durch den Urzeitwald, und als in der Ferne Zweige knackten und Blätter raschelten, drehte sich Dino blitzschnell um. Da kam auch schon der schreckliche Tyrannosaurus Rex mit polterndem Getrampel auf sie zugestürmt. Maia und Dino liefen in verschiedenen Richtungen davon, um ihm die Jagd zu erschweren. Rex verfolgte den auffällig blitzenden Kamm, und Dino rannte um sein Leben. Im verfilzten Gehölz war er wendiger als sein Verfolger, der immer häufiger im Gestrüpp hängen blieb.

Schließlich gab der Tyrannosaurus auf und trottete davon.
Maia sprang erleichtert aus ihrem Versteck hervor. Als sie
Dino gefunden hatte, sagte sie: »Das hast du toll gemacht.
So schnell lassen wir uns nicht unterkriegen!«
Bald merkten sie aber, dass sie nicht mehr wussten, wo sie
waren. Eine Weile irrten sie durch den Wald. Dann legten
sie sich müde unter einen Baum.
»Komm, lass uns ein bisschen ausruhen«, sagte Maia.
»Das haben wir uns verdient.«
Kaum waren sie eingedöst, da wurden sie von einer tiefen
Stimme geweckt. »Macht es euch nur gemütlich!«

Maia und Dino öffneten die Augen und sahen direkt in das Gesicht von Apatosaurus. Was sie für einen dicken Baumstamm gehalten hatten, war Apatos Bein gewesen.

»Keine Angst, ich tu euch nichts«, brummte Apato.

Erleichtert blieben Maia und Dino liegen und erzählten ihm, dass sie sich verlaufen hatten. »Wir wollten uns die Höhle des Höhlensauriers ansehen. Dort hat unsere Sippe nämlich früher gelebt«, erklärte Maia. »Kannst du uns nicht den Weg zeigen?«

Apato wiegte besorgt den Kopf. Er kannte die Höhle und ihren gefährlichen Bewohner. »Na ja, wenn ihr nicht zu nahe geht, könnt ihr sicher einen Blick auf euer ehemaliges Zuhause werfen. Der Höhlensaurier fürchtet das Tageslicht und verlässt darum am Tag nie seine Höhle. Der Weg dorthin ist allerdings noch weit und anstrengend. Quetzalcoatlus fliegt euch aber bestimmt gerne hin.«

Apato rief nach seinem Freund, und bald landete der Flugsaurier auf einem nahe gelegenen Felsen. Maia und Dino stiegen auf seinen Rücken und verabschiedeten sich von Apato. Quetzalcoatlus nahm einen Anlauf, sprang über die Felskante und schwang sich mit kräftigen Flügelschlägen zum Himmel hinauf. In der Nähe der Höhle setzte er die beiden ab und krähte: »Ich komme euch später holen. Bis bald!«
Leise schlichen die beiden zum Höhleneingang. Maia spähte hinein und entdeckte direkt neben der Quelle das schlafende Ungeheuer.
»Warte hier, Dino. Ich kundschafte die Höhle aus, solange das Monster noch schläft.«
Dino zitterte am ganzen Körper und beobachtete, wie sich Maia Schritt für Schritt in der finsteren Höhle vortastete. Plötzlich erwachte der Höhlensaurier. Röhrend und schnaufend erhob er sich und schnitt Maia den Rückweg ab.

Dino stockte der Atem. Da fiel ihm ein, was Apato gesagt hatte: »Der Höhlensaurier fürchtet das Tageslicht…« Blitzschnell stellte sich Dino so zum Höhleneingang, dass die Strahlen der tief stehenden Sonne auf seinen glänzenden Rückenkamm trafen und der Widerschein bis in den hintersten Winkel der Höhle fiel. Nun war es drinnen auf einmal taghell. Der Höhlensaurier brüllte auf, bedeckte seine Augen und raste an Dino vorbei ins Freie. Geblendet stürzte das Ungeheuer über einen steilen Abgrund in die Tiefe.

»Wir haben's geschafft! Wir haben's geschafft!«
Maia und Dino vollführten einen richtigen Freudentanz.
Inzwischen war auch Quetzalcoatlus zurückgekehrt. Er konnte
kaum glauben, was ihm die beiden berichteten. Rasch machte
er sich auf den Weg, um der Maiasaura-Sippe die Botschaft
von der Befreiung der Höhle zu überbringen.
Es war schon spätabends, als die Maiasauras bei der Höhle
eintrafen. Dino musste noch die halbe Nacht erzählen,
wie er mit seinem glitzernden Rückenkamm den Höhlensaurier
bezwungen hatte.
Dann kuschelten sich Maia und Dino müde an Mama. Doch
bevor sie einschliefen, nahmen sie noch einen tüchtigen
Schluck vom glasklaren, kostbaren Quellwasser.

Der glückliche MISCHKA

Zufrieden lag Mischka in seinem Garten und betrachtete die Wolken. Ihre verschiedenartigen Formen erinnerten ihn oft an bestimmte Tiere oder Pflanzen.
Mischka liebte seinen Garten. Er kannte jede Blume und jedes noch so unscheinbare Kraut mit Namen.
Und er wusste, welche Eigenschaften und Heilkräfte diese Pflanzen hatten. Der kleine Igel kannte aber auch alle Tiere, die hier lebten. Alle Insekten und Kriechtiere und vor allem die Vögel, die er an ihrem Gesang erkennen konnte.

Plötzlich riss eine Stimme Mischka aus seinen Gedanken.
»Ha, lümmelst wieder im Garten rum und träumst, du Nichtsnutz!«
Es war sein Großvater Tarek, der durch Mischkas Garten spazierte.
»Die Jugend von heute ist einfach zu nichts mehr zu gebrauchen. Als ich jung war, wäre es mir nicht in den Sinn gekommen, tagelang herumzuhocken und Löcher in die Luft zu gucken. Du solltest lieber etwas tun!«
»Aber Großvater, ich tu doch etwas«, antwortete Mischka.
»Ich schaue den Wolken zu. Und ich beobachte die Pflanzen, die Insekten und …«
»Ach was, alles Unsinn – im Gras hocken und Blumen schnuppern! In deinem Alter wollte ich etwas erreichen, das Glück beim Schopf packen!«

»Aber ich bin doch glückl …«, antwortete Mischka.
»Nichts aber! Schau mal, was andere alles in ihrem Leben schaffen!« Kopfschüttelnd ging Großvater Tarek davon. Mischka blieb verwirrt zurück.
Er fand nicht, dass Großvater Tarek besonders glücklich aussah. »Was machen denn die anderen so viel besser als ich?«, fragte sich der kleine Igel. »Das muss ich mir wirklich anschauen.« Er schnürte sein Bündel und machte sich auf den Weg.

Bald wurde Mischka von einer Schildkröte überholt.
Keuchend spurtete sie an ihm vorbei.
»Hallo Schildkröte, warte doch mal!«, rief Mischka.
»Warum rennst du denn so?«
Die Schildkröte musste erst mal zu Atem kommen, bevor sie antworten konnte.
»Ich trainiere«, japste sie.
»Was tust du?«, fragte der kleine Igel.
»Ich übe. Ich will die schnellste Schildkröte der Welt werden.«
Mischka kratzte sich an der Stirn. »Ist das nicht ziemlich anstrengend, mit so einem schweren Panzer durch die Gegend zu rennen?«

»Natürlich ist das anstrengend, deshalb muss ich ja so viel üben! Aber wenn ich erst mal die schnellste Schildkröte bin, werde ich weltberühmt und glücklich sein!«
Das leuchtete Mischka ein.
»Lass mich doch ein paar Runden mit dir laufen«, sagte er.
Und so trabten die beiden davon. Mischka musste jedoch schon nach der ersten Runde völlig erschöpft aufgeben. Die Schildkröte rannte weiter, ohne sich noch einmal umzusehen.
»Na ja, rennen macht zwar Spaß«, dachte Mischka. »Aber so? Nein danke!«
Er ruhte sich einen Moment aus und tippelte dann gemütlich weiter.

Plötzlich hoppelte ein Feldhase über den Weg und verschwand gleich wieder im nächsten Gebüsch.
»Feldhase, halt, komm zurück! Sag, bist du auch am Trainieren?«
Der Hase guckte verdutzt aus dem Gebüsch. Erst jetzt bemerkte Mischka die Bücher und Hefte, die der Hase unter dem Arm trug.
»Trainieren? Aber nein, ich geh zur Schule.«
»Zur Schule? Was ist denn das?«, wollte Mischka wissen.
»Ich muss mich jetzt beeilen«, antwortete der Hase ungeduldig.
»Komm doch einfach mit, dann kannst du dir alles selber ansehen.«

»Au ja«, sagte Mischka und begleitete den Feldhasen in die Schule. Er versteckte sich hinter einem Baum und verfolgte den Unterricht. Der Hasenlehrer redete von Rechnen, Lesen und Schreiben. Mischka verstand kein Wort und zupfte den Feldhasen in der Pause am Arm.

»Hast du eigentlich alles verstanden, was der Lehrer erzählt hat?«

»Ach wo, verstanden hab ich absolut nichts«, antwortete der Hase. »Ich lerne bloß auswendig. Mein Kopf soll ganz voll werden. Und wenn ich dann der klügste aller Feldhasen bin, werde ich bestimmt glücklich sein!«

Und schon hoppelte der Hase zurück zum Unterricht.

Mischka schlich davon und dachte: »Na ja, neue Sachen lernen macht sicher Spaß, aber so? Nein danke!«

Tiefer im Wald hörte er plötzlich ein schreckliches Ächzen und Stöhnen.
Auf einer kleinen Lichtung versuchte ein Dachs, einen riesigen Stein in die Höhe zu stemmen.
»Kann ich dir helfen?«, fragte Mischka.
Mit einem fürchterlichen Schrei stemmte der Dachs den Stein ganz hoch, um ihn gleich wieder fallen zu lassen.
»Himmel, hast du mich erschreckt! Was tust du da?«, wollte Mischka wissen.
»Ich übe. Ich will der stärkste Dachs der Welt werden!«
»Nein, nicht schon wieder«, murmelte Mischka vor sich hin.

»Aber warum willst du der Stärkste werden?«, fragte Mischka weiter.
»Warum wohl? Wenn ich der Stärkste bin, dann haben alle Respekt vor mir. Ich brauche vor niemandem mehr Angst zu haben und werde glücklich sein.«
Mischka überlegte. Es hatte tatsächlich viele Vorteile, stark zu sein.
»Darf ich auch mal probieren?«, fragte er den Dachs.
»Aber sicher«, schmunzelte der Dachs.
»Hier, versuch's mal mit einem kleineren Stein.«
Mischka mühte sich ab und begann zu schwitzen. Es gelang ihm sogar, den Stein ein klein bisschen hochzuheben. Doch dann entglitt ihm der Brocken und fiel direkt auf seine kleine Zehe.
»Autsch!«, schrie Mischka, rieb sich die gequetschte Zehe und schimpfte: »So ein Blödsinn, Steine hochzuheben!«
Er hob Steine nur auf, wenn er sich eine Hütte oder eine Mauer um seinen Kräutergarten bauen wollte. Aber einfach so? Nein danke!

Mischka verabschiedete sich vom Dachs und humpelte zum Waldrand. Dort traf er auf eine Ameisenstraße.
Interessiert schaute er den emsigen Tieren zu.
Scheinbar ziellos hasteten sie hin und zurück. Doch Mischka ahnte, dass jede Ameise ihr Ziel und ihren Weg ganz genau kannte.
»Was macht ihr denn da?«, wollte er wissen.
Die Ameisen waren jedoch so beschäftigt, dass sie ihn gar nicht hörten.
Sein Großvater hatte recht. Alle Tiere waren fleißig und ehrgeizig. Schnell, klug, stark und glücklich wollten sie werden. Aber wozu, wenn sie dabei nichts mehr sehen, hören, fühlen und bestaunen konnten?

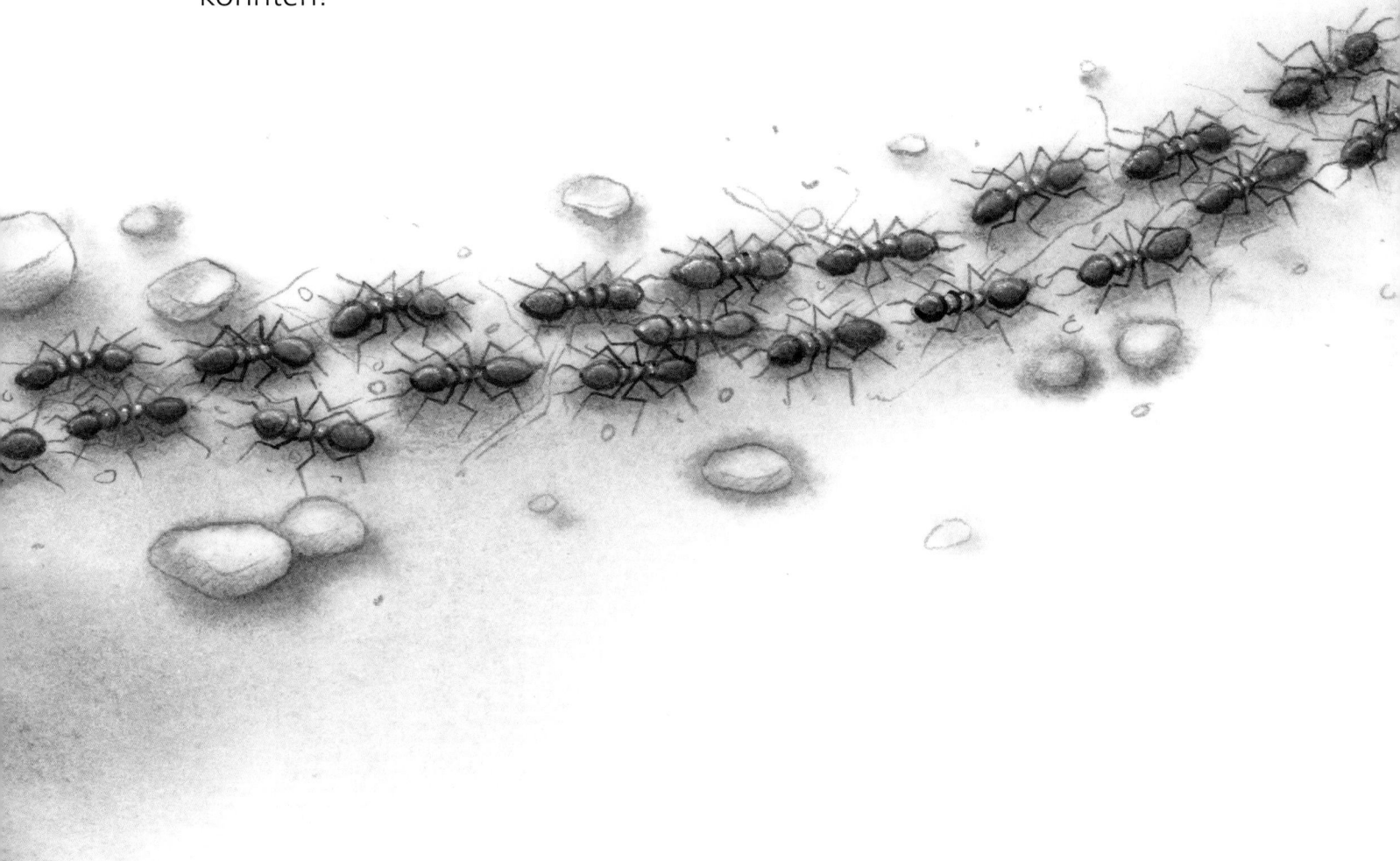

Wollte Mischka wirklich so leben?
Machten die anderen Tiere wirklich alles so viel besser als er?
Nachdenklich machte sich Mischka auf den Heimweg.
Als er dabei an seinen Garten, das warme Nest, die singenden Vögel und die vorüberziehenden Wolken dachte, wurde er wieder fröhlich.
»Nein, ich will nicht der Stärkste, der Klügste oder der Schnellste werden«, dachte er. »Und ich will auch nicht irgendwann später einmal glücklich werden. Ich bin doch jetzt schon ganz zufrieden und glücklich!«

Der kleine Igel war kaum in seinem Garten angekommen, als er hinter sich ein raues Husten vernahm.
Es war Großvater Tarek.
»Na, Junge, hast du heute etwas geschafft und gelernt?«
»Sehr viel sogar, Großvater. Aber du hustest ja! Setz dich hin, ich koch dir einen Tee mit Salbei und Thymian aus meinem Kräutergarten, gemischt mit frischem Honig. Das tut dir bestimmt gut.«
»Wirklich?«
»Du wirst sehen. Ich kenne auch noch andere Heilkräuter. Gegen verstauchte Pfoten, Kopfschmerzen und vieles mehr.«
Großvater Tarek machte es sich bequem und trank genüsslich den heißen Tee. Und mit jedem Schluck wurde ihm wohler.
»Da kann ich ja noch viel von dir lernen«, sagte er staunend und war richtig stolz auf Mischka.

HOPPEL findet einen Freund

Hoppel und Mama Schneehase waren gerade erwacht.

»Hörst du, Hoppel, die ersten Schneeglöckchen läuten das Frühjahr ein. Ich glaube, heut kommt der Frühling zu Besuch«, sagte Hoppels Mama.

»Au fein, dann kann ich mit ihm spielen!«, rief Hoppel begeistert. »Weißt du was, Mama? Ich spring ihm ein Stückchen entgegen!«

Und bevor ihn seine Mutter aufhalten konnte, hüpfte Hoppel über die dünne Schneedecke davon. An vielen Stellen war der Schnee bereits geschmolzen, und die Grashalme streckten sich sehnsüchtig nach der warmen Sonne. Auf einem schneefreien Wiesenstück entdeckte Hoppel einen kleinen Hügel mit einem Loch.

»Hallo, ist jemand hier?«

»Vielleicht wohnt hier der Frühling!«, dachte Hoppel und zwängte sich in das Loch. Es war dunkel.
Langsam kroch Hoppel weiter. Er konnte nichts sehen. Doch plötzlich stieß er gegen etwas Weiches.

»Hallo, bist du der Frühling? Was tust du hier in diesem finsteren Gang?«

»Frühling? Was ich hier tue? Ich bin der Maulwurf und das ist mein Gang. Und er ist überhaupt nicht finster! Aber sag mal, was suchst du hier?«

»Ich suche den Frühling, Maulwurf.«

»Den Frühling? Der hat ganz bestimmt eine größere Wohnung als ich. Hinter dem Wald liegt eine große Höhle…«

Gemeinsam krochen sie ins Freie.
»Mach's gut, Maulwurf, und vielen Dank!«

Bald hatte Hoppel die Höhle gefunden. Vorsichtig schaute er hinein. Ganz hinten in der Ecke lag ein großes, braunes ... ja, was war das?

»Wach auf, Frühling! Ich bin es, Hoppel. Mama und ich erwarten dich schon!«

»Warum weckst du mich aus meinem Winterschlaf?«, brummte eine tiefe Stimme. »Ich bin doch nicht der Frühling, kleiner Hase.«
»Und warum bist du nicht der Frühling?«
»Na … weil ich einfach ein Bär bin, basta!«, sagte der Bär.
»Und warum schläfst du hier in dieser Höhle?«, fragte Hoppel.
»Hier halt ich immer meinen Winterschlaf. Wenn der erste Schnee fällt, verkriech ich mich und wache erst wieder auf, wenn der Frühling kommt.«

Hoppel überlegte, dann sagte er: »Du, Bär, heute soll der Frühling kommen, hat meine Mama gesagt. Weißt du nicht, wo er wohnt? Ich will ihm entgegengehen!«

Bedächtig trottete der Bär zum Höhlenausgang und schnupperte in der Luft.
»Es riecht tatsächlich nach Frühling. Und wenn du mich fragst, riecht es von dort oben, von diesem Astloch aus, ganz besonders gut nach Frühling. Vielleicht wohnt er dort?«

Neugierig rannten die zwei zu dem Baum. »Warte hier, Hoppel. Ich sehe mal nach.«

Und schon kletterte der Bär behände den Baumstamm hinauf. Er steckte seine Tatze in das Astloch und zog sie wieder heraus. »Honig, richtiger Honig!«, sagte er schmatzend. »Ich habe einen Bärenhunger! Aber der Frühling wohnt nicht hier.«

Der Bär kletterte wieder hinunter. Auch Hoppel war inzwischen hungrig geworden. Gemeinsam setzten sie sich hin und schleckten den Honig.

»Ich gebe die Suche auf«, seufzte Hoppel. »Ich muss wohl einfach warten, bis der Frühling uns besuchen kommt.«

»Kannst du mich nicht nach Hause tragen, lieber Bär?
Ich bin so müde.«

»Aber sicher«, brummte der Bär gutmütig. »Ich wollte mir
sowieso noch ein bisschen die Beine vertreten. Ganz steif
und ungelenk bin ich im Winterschlaf geworden. Komm,
steig auf meinen Rücken und mach es dir bequem.«
Es dämmerte bereits, als sie bei Mama Schneehase eintrafen.

»Da bist du ja endlich, Hoppel! Ich habe mir schon Sorgen gemacht.«
»Ich hab den Frühling nicht gefunden, Mama. Im Erdloch war er nicht, in der Höhle vom Bären nicht und auch nicht oben im Astloch. Keine Ahnung, wo er sonst noch stecken könnte.«
»Weißt du, Hoppel, dem Frühling kann man nicht entgegengehen. Er kommt einfach. Mit der Wärme und dem Sonnenschein und dem grünen Gras.«
»Ach«, sagte Hoppel traurig.
»Mach dir nichts draus. Dafür hast du einen neuen Freund gefunden«, sagte seine Mama und lächelte vergnügt.

Hoppel kuschelte sich an Mama und winkte dem Bären zum Abschied. »Komm bald wieder, lieber Bär!«

QUELLENVERZEICHNIS

Marcus Pfister

Timo und Matto wollen nicht das Gleiche
(2006)

Wie Leo wieder König wurde
(1998)

Der kleine Dino
(1994)

Der glückliche Mischka
(2000)

Hoppel findet einen Freund
(1992)

© NordSüd Verlag AG, Zürich

Marcus Pfister wurde 1960 in Bern geboren. Nach der Kunstgewerbeschule in Bern und einer anschließenden Grafikerausbildung arbeitete er von 1981 bis 1983 in einer Werbeagentur. 1984 machte er sich selbstständig und es entstanden die Bilder zu seinem ersten Bilderbuch *Die müde Eule*, das 1986 im NordSüd Verlag erschien. Der große Durchbruch als Bilderbuchautor folgte 1992, als Marcus Pfister mit dem Buch *Der Regenbogenfisch* die Bestsellerlisten stürmte. Bis heute sind weltweit von allen Bänden und Ausgaben insgesamt mehr als 30 Millionen Exemplare in rund 50 Sprachen erschienen.
In seinem Atelier mit herrlichem Blick über die Schweizer Hauptstadt kreiert Marcus Pfister immer wieder neue Figuren und Geschichten.

WEITERE IM NORDSÜD VERLAG ERSCHIENENE TITEL VON MARCUS PFISTER:

Der Regenbogenfisch und seine Abenteuer 978-3-314-10250-9
Weißt du, was Glück ist? 978-3-314-10236-3
Jack im Regenwald 978-3-314-10122-9
Mats und die Wundersteine 978-3-314-01726-1
Mats und die Streifenmäuse 978-3-314-10220-2
Mein kunterbuntes Tier-ABC 978-3-314-10164-9
Pinguin Pit 978-3-314-10175-5
Lisas Mohnblume 978-3-314-10002-4
Was macht die Farben bunt? 978-3-314-10000-0

FÜR DIE WEIHNACHTSZEIT:

Filu im Schnee 978-3-314-10033-8
Wie Sankt Nikolaus einen Gehilfen fand 978-3-314-10123-6
Die vier Lichter des Hirten Simon 978-3-314-10053-6
Der Weihnachtsstern 978-3-314-01728-5